ORAISON FUNÈBRE

DE MONSEIGNEUR

L'ILLUSTRISSIME ET RÉVÉRENDISSIME

JACQUES-LOUIS-DAVID DE SEGUIN-DES-HONS,

ÉVÊQUE DE TROYES,

Prononcée dans l'Église Cathédrale,

Le 6 Septembre 1843,

PAR M. L'ABBÉ ROISARD,

Chanoine, Vicaire Général Capitulaire.

À TROYES,

CHEZ ANNER-ANDRÉ, IMPRIMEUR-LIBRAIRE DE L'ÉVÊCHÉ,

Place de l'Hôtel-de-Ville, 5 et 7.

SEPTEMBRE 1843.

ORAISON FUNÈBRE

JACQUES - LOUIS - DAVID DE SEGUIN - DES - HONS,

ÉVÊQUE DE TROYES.

> In mansuetudine opera tua perfice, et super hominum gloriam diligeris.
>
> Mêlez la douceur à toutes vos œuvres, et vous serez aimé, et ce sera pour vous une gloire au-dessus de toute gloire humaine.
>
> *Au Livre de l'*Ecclésiastique, *chap.* 3.

Monseigneur, (*)

J'étais donc encore réservé à rendre ce dernier devoir à notre pieux et bien-aimé Pontife ! Lui, que vous aviez vu avec moi, il y a si peu de temps, donner dans ce lieu même à mes tristes discours une attention si honorable, lorsque j'étais l'organe de votre piété filiale, en présence des restes de son illustre prédécesseur, lui-même devait être si tôt l'objet de semblables regrets, rendus plus vifs par sa perte récente, et nous faire verser des larmes plus amères encore !

Le ciel ne m'avait donc appelé à être le témoin de ses dernières années que pour me ménager de loin un si lugubre et pourtant si consolant ministère, celui d'être l'interprète de la

(*) Mgr. de Prilly, évêque de Châlons, célébrant.

douleur et de la tendresse de tous, et de payer à sa mémoire vénérée le tribut d'un éloge funèbre !

Un éloge funèbre ! quel pénible hommage pour le cœur ! Un éloge funèbre ! quel douloureux épanchement pour la reconnaissance ! Un éloge funèbre ! et comment la voix d'un des confidens de ce Pontife peut-elle avoir la force de le prononcer ?

O mon Sauveur ! ne condamnez pas mon trouble, mes larmes, ma désolation, sur le tombeau de celui qui m'a donné tant de marques de son affection ; voús-même, n'avez-vous pas frémi, ne vous êtes-vous pas troublé, n'avez-vous pas pleuré sur le tombeau de celui que vous aviez aimé ?

Seulement, Seigneur, soutenez ma voix, secourez ma faiblesse ; donnez-moi le courage, la sainte constance que doit avoir, dans les circonstances même les plus déchirantes, le ministre de votre sainte parole.

Donnez-moi de sonder devant cette religieuse assemblée, et pour l'édification de tous, le secret de ce cœur pastoral ; donnez-moi de le révéler tel qu'il était à vos yeux, comme aux nôtres. Certes, je n'aurai pas besoin de dissimuler ses traits réels, de le faire méconnaître à mes frères, ni, comme au 1er livre des Rois, de substituer une fausse image à la vérité pour sauver la gloire de notre DAVID de la honte d'une mort obscure.

C'est en effet toute la douceur d'un autre David, *et omnis mansuetudinis ejus*, (a) selon l'expression du psalmiste lui-même, que je viens rappeler et célébrer devant vous aujourd'hui.

Je viens la célébrer devant vous, parce que c'est dans la mémoire des vertus de notre bien-aimé Pontife que je trouve le plus légitime sujet de consolation au milieu dc la douleur et du deuil où sa perte nous plonge.

Je viens, s'il m'est permis de parler ainsi avec l'Écriture sainte, je viens la rappeler au miséricordieux souvenir de Dieu lui-même. Je viens dire à ce Dieu si bon, qui veut bien

(a) Ps. 131.

trouver un mérite dans les vertus, qui sont les dons de sa grâce : Seigneur, souvenez-vous de notre David et de toute sa douceur ; donnez-lui l'entrée de vos tabernacles éternels ; faites qu'il y trouve le repos aux siècles des siècles, *hæc requies mea in seculum seculi.* (a)

La douceur, entourée des vertus qui sont ses compagnes nécessaires, tel est, mes frères, le regrettable et touchant tableau que notre Pontife a offert à tous , soit dans le commerce de la vie privée, soit dans les fonctions de la vie publique ; tel doit donc être aussi l'éloge que, par cette oraison funèbre, je consacre aujourd'hui à la douceur évangélique dans la personne de Monseigneur l'Illustrissime et Révérendissime père en Dieu, JACQUES-LOUIS-DAVID DE SEGUIN-DES-HONS, Évêque de Troyes.

I.

Quelque vaste champ que fournissent à nos discours toutes les vertus de notre illustre Pontife, on a dû trouver en lui (ce qu'on remarque dans tous les hommes recommandables et vertueux), parmi tous les titres qu'il a à nos respects, à notre admiration, à notre amour, une qualité principale, une vertu dominante dont l'éclat a rejailli sur toutes les autres, dont les traits l'ont caractérisé, et doivent conséquemment fournir le spécial sujet d'un juste éloge, comme ils ont été le fond de son caractère et la matière de son mérite et de sa gloire.

Or, d'après ces principes, tout le secret de la gloire de notre Pontife, et, au jugement du Saint-Esprit lui-même, tout le secret de la gloire par excellence est, comme vous l'avez déjà bien compris, dans les paroles que j'ai tirées du livre de l'Ecclésiastique : Mêlez la douceur à toutes vos œuvres, dit le Sage, et vous serez aimé, et ce sera pour vous une gloire au-dessus de toute gloire humaine. *In mansuetu-*

(a) Ps. 131,

dine opera tua perfice, et super hominum gloriam diligeris.
Oui, son mérite est dans la réalisation de cet oracle divin, si
profondément imprimé par la sagesse d'en haut dans le cœur
de notre père, qu'il me semble que sa voix se ranimerait en
ce moment pour vous en donner la dernière leçon, si sa vie
tout entière ne vous en présentait, d'une manière plus per-
suasive encore, et l'enseignement, et les continuels exemples.

Voilà son mérite, voilà le secret qui, dès ses premières
années, consacrées à de solides études, lui fait trouver de
vrais amis dans ses dignes émules, les Lestrange, les Cotteret,
les Nicolle, les Borderie, les Le Maire ; ils préparent ensemble
à leur avenir une riche moisson de vertus, de science, de
talens. Mais le jeune Des-Hons est comme le centre et le lien
de leur commune affection ; il a gagné leurs cœurs autant
que leur profonde estime, et, jusque dans la saison la plus
avancée de la vie, il conservera tout l'ascendant de son
aimable vertu sur ceux qui furent avec lui les enfants du
collége de Sainte-Barbe, et les élèves de l'illustre maison de
Sorbonne.

Voilà sa gloire ; bien au-dessus de celle de la noblesse du
sang, que la religion ne recherche pas dans les pontifes, mais
que pourtant elle voit en eux avec joie, rehaussée par la
sainte et divine noblesse des vertus qui caractérisent le sacerdoce évangélique ; c'est alors que la religion l'apprécie.
L'influence, le crédit qu'elle donne au pasteur sur quelques-
uns secondent l'exercice du ministère sacré, et la fortune
qui ordinairement l'accompagne vient en aide aux saintes
prodigalités de la charité pastorale.

Du reste, je le répète, ce n'est pas sa noble origine, ce
sont ses vertus que je viens louer ici. Je sais que le prince
des pasteurs a caché sous les apparences d'une condition
obscure sa royale naissance ; je sais que de pauvres pêcheurs
ont été choisis par lui pour être les premiers prélats de
l'Église ; que pendant les premiers siècles on ne vit guère le
sanctuaire briller de ce que le monde appelle un *sang illustre,*
et saint Paul ne trouve-t-il pas là une preuve de plus de

la divinité de la religion qui n'a pas besoin de l'appui de la noblesse, de la puissance, *non multi potentes, non multi nobiles.* (*a*)

Pour prendre tout d'abord une juste idée de cette douceur évangélique, caractère distinctif de notre bien-aimé Prélat, il faut remonter à la source de cette vertu, rechercher le principe dont elle émane. Or, cette onction céleste, ce baume spirituel de la douceur évangélique n'est autre chose, comme dit Bossuet, que *la fleur de la charité,* qui, ayant rempli le dedans et pénétré tout le cœur, en reflue ensuite, et répand sur l'extérieur une grâce simple et sans fard, une cordialité qui respire une affection toute sainte.

Voici comme saint Augustin représente au naturel (*b*) cette condescendance, cette douceur de la charité, surtout dans une âme pastorale : « C'est elle, dit cet incomparable doc-
» teur, qui se fait infirme avec les infirmes ; elle a soin d'édi-
» fier ceux-ci, elle craint plus encore de blesser ceux-là ; elle
» s'abaisse vers les uns, s'élève vers les autres, et, n'étant
» l'ennemie de personne, elle est une mère pour tous :
» *Nulli inimica, omnium mater.* » Ces paroles, où le saint évêque d'Hippone retraçait, sans le vouloir, ses propres vertus, qui n'en ferait l'application à notre Pontife ? Ne sont-elles pas l'expression de son âme ? et n'y retrouve-t-on pas, comme dans un miroir fidèle, l'image de toute sa vie ?

Prenons garde, mes frères, nous admirons ce qui est grand, mais nous ne voulons souvent reconnaître la grandeur que dans ce qui éclate à nos yeux ; or, il est des vertus qui s'entourent de je ne sais quoi de calme, de tranquille, d'uni-forme, qui donne peu au brillant ; et quelquefois, ce qui est un spectacle digne du ciel, digne des regards de Dieu et des anges, ne produit qu'une médiocre impression dans nos esprits.

Mais ce n'est pas assez. Pour peindre cette vertu telle

(*a*) ɪ. Corinth. ɪ.

(*b*) De Catechiz. rudib.

qu'elle respirait en lui, qu'il nous soit permis d'emprunter le pinceau de l'Esprit saint lui-même.

Quel est ce grand homme que nos saintes écritures nous présentent comme s'étant exercé dès l'enfance en toutes sortes de vertus? Il porte les traits de la bonté, l'empreinte de la douceur, *bonum, benignum;* la dignité et la modestie ont orné son front, *verecundum visu;* il est simple dans ses mœurs, agréable dans ses discours, *modestum moribus, eloquio decorum.* (*a*) Mes frères, est-ce ici le portrait du grand-prêtre Onias, ou n'est-ce pas tout à la fois la ressemblance de notre Pontife, qui se trouve retracée dans ce tableau ?

Cette douceur évangélique ne se révélait-elle pas sur son visage ? Ne l'y voyait-on pas vivante avec tous ses charmes? réunissant la dignité et l'abandon, la noblesse et l'affabilité, un abord populaire et un air vénérable, qui lui conciliaient l'amour et le respect de tous. *Bonum, benignum, etc.*

Dans le commerce de la vie, dans ses relations avec la société, cette vertu devenait de la politesse. Certes, je ne parle pas ici de la politesse mondaine, de cette politesse de dissimulation qui cache les piéges qu'elle tend, de cette politesse superficielle qui se borne à un frivole commerce de paroles agréables. Je parle de cette politesse chrétienne fondée sur un motif surnaturel, d'après l'enseignement de saint Paul ; de cette politesse qui sanctifie les marques d'intérêt, d'estime et d'amitié que se donnent réciproquement les hommes, et qui unissent les cœurs par des liens si doux ; de cette politesse qui faisait que cet homme excellent s'oubliait lui-même pour prévenir d'honneur ses semblables en toute circonstance, selon le mot de l'apôtre : *honore invicem prævenientes,* (*b*) et le rendait fidèle observateur des devoirs, des égards attentifs, des démarches qu'inspirent la bonne éducation et le sentiment de la charité ; de cette politesse enfin, en lui toujours complaisante sans bassesse, modeste sans affectation, affectueuse sans dissimulation, selon le mot du disciple

(*a*) ii. Machab. 15.
(*b*) Rom. 12.

bien-aimé : Que la charité ne soit pas seulement sur nos lèvres et dans nos paroles, mais dans toute notre conduite et dans la vérité. *Non verbo et linguâ, sed opere et veritate.* (a)

Quelques-uns, aux yeux desquels cette politesse ne passe pas pour une vertu, penseront peut-être que ces détails ne fournissent pas une assez digne matière à l'éloge de notre Pontife. S'ils veulent se détromper, que ceux-là consultent les témoignages contemporains du saint évêque de Genève. Tous ceux qui l'ont connu, célébré, ne l'ont-ils pas proclamé *le plus aimable de tous les Saints?* Sans se reporter si loin, qu'ils se rappellent la vie trop courte, hélas! d'un digne archevêque dont le nom est demeuré populaire dans cette cité; qu'ils me permettent de citer encore l'immortel Pie VI, et enfin, sans parler de bien d'autres, saint Grégoire-le-Grand, dont les historiens nous disent que son *attentive politesse égalait son inépuisable charité.*

On fait quelquefois à la piété le reproche d'être farouche, inaccessible; reproche plein d'injustice, qui confond la vraie piété avec le caractère difficile et les caprices de quelques-uns de ses prétendus sectateurs, qui ne peuvent que la décréditer.

Certes, elle avait trouvé dans notre Pontife son plus digne apologiste. Combien de fois ne l'a-t-on pas vu rattacher à la religion, réconcilier avec la piété des esprits qui ne s'étaient éloignés d'elle que parce qu'ils l'avaient regardée comme insociable. Ce même Pontife qu'ils venaient de voir à l'autel traiter les saints mystères avec tant de dignité, de religion et de foi, après quelques instants, ils le retrouvaient dans le commerce intime de la vie, mêlant dans sa conversation une douceur qu'on ne voyait point dans les autres personnes, et qui faisait le principal agrément de sa société. Ce je ne sais quoi qui fait qu'on est aimable, et qui dans tant d'autres est copié ou étudié, ils le trouvaient en lui comme dans sa source, c'est encore le mot de saint Paul : *quæcumque amabilia.* (b) On eût

(a) I Joan. 3.
(b) Philipp. 4.

dit qu'il s'appropriait les cœurs. Je le répète : on a vu ses plus simples et plus familières conversations produire les fruits les plus heureux pour le salut des âmes.

Il était intimement persuadé qu'on ne soutient jamais mieux son rang que par la douceur et la bonté; aussi, sa dignité ne fut-elle jamais pour lui le prétexte d'aucune manière fastueuse. Quelle barrière s'éleva jamais entre lui et nous, que celle du respect et de la discrétion? Quel plus grand privilége sa dignité lui donna-t-elle, que celui d'être à toute heure du jour, assailli, interrompu, importuné?

C'était un droit acquis à cette portion de son clergé qui représente le sénat sacerdotal des anciens temps, placé autour de la chaire de l'Évêque pour qu'il y trouve toujours ses appuis, ses soutiens, ses défenseurs-nés, et dont l'inviolable union avec lui forme le centre, le nœud, le modèle de la paix d'un diocèse. Vous donc que l'Évêque nomme ses *vénérables frères*, vous aviez les premiers droits à son affection, à son intimité, à sa société.

Vous n'en aviez ni de moins réels ni de moins assurés, ni de moins étendus, vertueux et zélés pasteurs, prêtres laborieux qui portez le poids du jour et de la chaleur dans le champ de l'Église. Vous étiez sûrs d'être accueillis avec intérêt, avec amitié; sa plus douce jouissance était de vous voir, de savoir par lui-même l'état de vos paroisses, vos peines, vos consolations, vos craintes, vos espérances; et, lorsqu'au déclin du jour quelques-uns de ses conseillers se réunissaient autour de lui, jamais il n'a manqué de leur faire partager toute la satisfaction qu'il avait éprouvée dans vos communications, et par l'épanchement filial de vos cœurs dans le sien.

Vous savez qu'un ancien concile de Carthage, après avoir reconnu que l'Évêque doit occuper dans l'église la première place, que lui assignent de droit divin, son caractère, sa juridiction et son rang dans la hiérarchie, vous savez, dis-je, que ce concile exhorte, engage l'Évêque à se regarder dans la vie privée comme le collègue de ses prêtres. *Intrà domum collegam presbyterorum se cognoscat.* Eh bien! mes frères, cette règle d'humilité, de modération, de douceur épiscopale, notre Pontife eut tant à cœur de ne s'en écarter jamais, qu'il avait voulu l'écrire de sa propre main, la conserver dans le livre de la prière publique remis par l'Église entre nos mains, afin qu'autant de fois qu'il réciterait le saint office, cette sentence venant s'offrir à ses regards rendît sans cesse présente à ses souvenirs la loi qu'il s'était imposée.

Mais avait-il donc besoin, ce vénérable Pontife, de se rappeler par un signe extérieur ces bontés, ces prévenances, cette charité, que son cœur ne pouvait manquer de lui inspirer envers tous ? N'était-il pas toujours prêt à tout quitter pour donner accueil à qui réclamait ses lumières, ses conseils? Sa vie privée, que fut-elle autre chose qu'un long renoncement à lui-même? J'en appelle au témoignage de tous ; ne peut-on pas dire de lui ce que notre S. Bernard a dit du saint archevêque d'Irlande, qu'il était tout à nous, tout au prochain? *Totus omnium.*

Voyons maintenant comment cette charitable douceur s'est révélée dans les fonctions de sa vie publique : tel est le sujet d'une seconde réflexion.

II.

Ce caractère de douceur évangélique sera-t-il autant apprécié, mes frères, dans les fonctions de la vie publique de notre Pontife? Et comment pourrait-il en être autrement ?

N'est-ce pas sous les traits aimables de la douceur que le prince des pasteurs a voulu être annoncé et symbolisé au monde par les prophètes qui ont appelé sa venue? Envoyez, Seigneur, disaient-ils, l'Agneau dominateur du monde ! *Emitte Agnum dominatorem terræ !* (a)

N'est-ce pas sous la même image que le précurseur l'a montré à ceux qui devaient être ses premiers apôtres. *Ecce agnus Dei !* (b) Voilà l'agneau de Dieu ! Et dans le ciel n'est-

(a) Isaïe, 16, 1.

(b) Joann. 1, 29.

ce pas encore *l'Agneau* immolé pour le salut de tous, qui est célébré par les chants éternels ? *Dignus est agnus.* (a)

Et, de toutes les vertus qui doivent orner une âme sacerdotale, je vous adjure en présence des saints autels, au nom du divin auteur de la religion et du sacerdoce, quelle est celle, quelle est la première qu'il ait signalée à ceux qu'il envoyait comme des agneaux accomplir leur divine mission, *sicut agnos.* (b) Quelle est la première dont il leur ait inspiré l'amour, donné la leçon, présenté l'exemple et fait remarquer la pratique dans sa propre personne ? Apprenez de moi que je suis doux. *Discite à me, quia mitis sum !* (c)

Et regarderiez-vous cette vertu comme incompatible avec la force ? Écoutez et voyez.

L'heure est venue où, sorti du sanctuaire de la science sacrée, et quittant la lice illustrée par ses pacifiques triomphes, l'abbé Des-Hons est initié au sacerdoce. Membre d'un chapitre près de son pays natal, il est honoré en même temps de la confiance de l'évêque d'Agen, de qui, jeune encore, il a reçu le titre de grand vicaire ; et les touchants exemples de ce prélat lui révèlent le secret de l'application de toute la douceur évangélique à l'administration d'un important diocèse. Or, souffrez que je vous le demande : la mansuétude, l'affabilité, la bonté, vertus caractéristiques de l'évêque d'Agen, de l'illustre d'Usson de Bonnac, l'empêchèrent-elles de mettre en évidence toute l'énergie de la foi, toute la générosité du courage chrétien, lorsque, le premier entre les évêques, il parut à la tribune de l'assemblée constituante pour voter contre le serment à la constitution civile, et motiver son vote ?

Et ce même caractère de bonté et de douceur de notre bien-aimé Prélat le tint-il en suspens entre l'apostasie et le malheur, au temps de la terrible épreuve ? L'empêcha-t-il de briser alors les liens si doux qui l'attachaient à sa noble famille, qu'il aimait si tendrement, à des amis, à sa patrie,

(a) Apoc. 5, 12.
(b) Luc, 10, 3.
(c) Matth. 11, 29,

pour aller, fuyant de ville en ville, selon la prophétie de notre divin Sauveur, mendiant le pain de l'indigence, bégayant un idiôme nouveau, acheter au prix des peines, des fatigues et des privations de l'exil, le droit de rester fidèle à l'Église ? L'*Espagne* fut la contrée qui lui donna un abri contre l'orage, et où il alla attendre des jours meilleurs. Quel doux souvenir il conservait de ces bons Catalans si pauvres, et pourtant si hospitaliers ! Comme il aimait à nous peindre leur foi vive, leur piété simple, leurs cérémonies dramatiques comme dans notre moyen-âge, leur ardente dévotion pour Marie !

Ici, mes frères, qu'il me soit permis de me transporter avec vous par la pensée à un demi-siècle en arrière ; pénétrons ensemble dans un des sanctuaires du monde les plus vénérables où l'auguste Marie reçoive le culte d'amour et les hommages de ses enfants : c'est à *Montserrat*. Mêlé à la foule pieuse qui s'y presse de toutes les parties de l'Europe, et même du monde, j'y distingue nos exilés, nos confesseurs de la foi, et parmi eux il en est deux qui frappent surtout mes regards par leur recueillement, leur douce piété : c'est l'*Archevêque d'Auch*, c'est le *Vicaire Général d'Agen*. Ils se sont rencontrés dans ce saint lieu ; ils y réunissent leurs vœux, ils prient celle qu'on n'invoque jamais en vain, ils lui redemandent leur patrie, leurs temples, ses autels ; et celle qui est la consolatrice des affligés reçoit leurs prières et les offre à son fils ; ils sont exaucés, et bientôt on va célébrer le retour de ces héros *de la grande tribulation !* Mais l'ange de l'église de Troyes les a vus ; il les a demandés tous deux, pour le diocèse, objet spécial de sa vigilance et de son incessante sollicitude ; et il les a obtenus tous deux du prince des pasteurs, et il les gardera dans toutes leurs voies, jusqu'au moment marqué dans les desseins de Dieu, où ils deviendront nos pères et nos pasteurs. Et l'un sera *Louis-Apollinaire*, et l'autre sera *Louis-David !*

Eh bien, mes frères, est-ce une douceur sans énergie que celle qui sait accepter de pareils sacrifices ? que celle qui traverse sans peur les jours des grandes luttes ? Non, la parfaite douceur ne fut jamais le résultat d'une vertu médiocre, ou plutôt elle est le fruit de la plus éminente vertu, et il n'y a que ceux qui n'auraient jamais pratiqué cette douceur évangélique qui pourraient ignorer ce qu'il faut de force d'âme pour la conserver partout et envers tous.

Mais voici qu'elle va se répandre avec une nouvelle effusion sur notre Pontife au jour de son sacre. Il a quitté des lieux qui lui sont chers, Montpellier, Alby, où il fut le conseiller, disons plus et parlons vrai, l'âme du conseil de plusieurs évêques, et d'où il emporte les regrets et l'affection de tous ceux qui l'ont connu. Il reçoit l'onction de l'ordre pontifical, et avec elle les fruits de l'esprit de Dieu que l'Apôtre connaissait bien, et qui, si vous voulez le remarquer (outre la foi déjà si ferme en lui, et l'angélique vertu, l'honneur du sacerdoce), ont tous une relation réelle avec la douceur. En effet, c'est *la charité, la joie, la paix, la patience, la bénignité, la bonté, la douceur, la modestie,* toutes vertus aimables qui sont les effets de l'Esprit de force ! *Fructus autem Spiritûs : charitas, gaudium, pax, etc.* (a)

Oui, il faut être fort pour être patient. Saint Martin était fort lorsqu'il écoutait avec humilité et pardonnait, sans les punir, les injures de Brice et les torts les plus graves des derniers clercs de l'église de Tours. *Impunè ab infimis clericis læderetur.* (b)

Saint François de Sales était fort lorsqu'il n'opposait que le silence, la résignation et la douceur à un écrit infâme et calomnieux qui répandait sur sa vertu un affreux nuage.

Oui, il faut être fort pour conserver partout dans l'administration d'un diocèse, l'affabilité qui se prête à tous, l'égalité d'âme, la bonté que rien n'altère, la sérénité que rien ne trouble, la charité que rien n'épuise. Et qu'on n'aille pas dire que ce fut en lui une qualité dont il n'était redevable qu'à la nature ; non, certes, quelques traits de vivacité promptement

(a) Galat. 5, 23.

(b) Sulpic. ser. in vitâ S. Martin.

réprimés témoignent assez de l'empire qu'il prenait sur lui-même, et des efforts continuels qu'il faisait pour se vaincre ; et on peut dire aussi du lion de notre David, que la douceur est sortie du fort. *De forti egressa est dulcedo.* (*a*)

Le caractère principal de son administration était la patience. C'est aussi le premier caractère de la charité. Je lui ai souvent entendu louer cette vertu, et redire, après un apôtre, qu'elle était la perfection du christianisme, *patientia, opus perfectum habet.* (*b*) Il ne voulait pas provoquer les mesures, il aimait attendre que les circonstances semblassent les indiquer, et alors il était habile à en profiter. Il savait bien pénétrer les hommes, mais il ne manifestait que rarement, et jamais d'une manière complète, la connaissance qu'il en avait. Il aimait mieux passer pour peu clairvoyant, afin de se conserver les moyens d'être toujours patient et doux, même envers ceux qui semblaient le mériter le moins, et de dérober aux yeux de tous l'exercice et le mérite de sa patience. D'un esprit juste et prompt, il saisissait au premier coup-d'œil la portée d'une affaire, et toutefois il voulait y réfléchir, et ne se hâtait jamais de prononcer. Il aimait à la discuter. Découvrant le côté faible des meilleures choses, il prévoyait toutes les difficultés et les objections que pouvaient soulever les décisions les plus sages.

Une des âmes les plus éclairées et les plus habiles dans les voies spirituelles que nous ayons connues, a dit : « Jamais je » n'ai rencontré un coup-d'œil plus sûr que le sien ; dans une » seule entrevue, il discernait mieux le mérite d'un sujet que » nous-mêmes, qui avions pu nous éclairer par une longue » étude. Lorsque je le consultais, ses réponses jetaient en moi » les plus vives lumières. C'était comme si le bon Dieu m'eût » parlé. Les choses les plus difficiles, il me les faisait toucher » au doigt. En un mot, outre la grâce de l'Épiscopat, j'ai » trouvé constamment en lui un don que je n'ai rencontré en » aucun autre. »

(*a*) Judic. 14, 14.
(*b*) Jac. 1, 4.

Il y avait dans son gouvernement quelque chose de semblable à l'action de la Providence sur les hommes. Un ancien docteur déduit la bonté, la patience de Dieu, de sa puissance, de sa force. Un des moyens infinis de puissance en Dieu, c'est son éternité. Oui, c'est parce que Dieu est éternel, qu'il est patient. *Patiens quia æternus.* Maître des temps, rien ne le presse; maître des cœurs, rien ne l'étonne. Dieu, dit le sage, dispose de nous avec les plus grands égards, et, le dirai-je? incroyable parole si elle n'était pas dans nos livres saints! avec une sorte de *respect* pour la créature sortie de ses mains. *Cum magnâ reverentiâ disponis nos.* (a) Et, quoique poursuivant ses desseins avec force, cependant Dieu les accomplit avec suavité, *disponit omnia suaviter.* (b)

C'était cette action providentielle qui se reflétait dans l'âme de notre Pontife, selon la mesure et dans la proportion qui convient à un mortel. Jamais il n'acheva de briser le roseau déjà rompu, jamais on ne le vit éteindre la mèche qui fumait encore. Image et représentant de Dieu dans ce diocèse, il imprima toujours à la direction pastorale, à l'administration diocésaine, cette suavité de la Providence dans l'exécution de ses desseins sur nous, *disponit omnia suaviter.*

Voyez l'homme faible tenir les rênes du gouvernement. Il brusque les hommes; il est pour eux sans égards; il ne sait pas les estimer, parce qu'il les craint; il est inquiet, il se presse, il se trouble, il se hâte pour en finir. Droites ou tortueuses, toutes voies lui sont bonnes; on voit qu'il a besoin de tout mettre à profit; s'il perd cette occasion, il croit avoir tout perdu. Voyez-vous comme il doute de lui-même, comme il trahit sa faiblesse.

Notre Pontife, au contraire, trouvait sa force dans sa patience; il n'était pas timide, mais prudent; il n'était pas faible, mais charitable et doux; il n'a jamais été le jouet des événements ni des hommes, mais une sagesse supérieure à nos faibles et courtes vues l'a constamment dirigé dans sa

(a) Sap. 12, 18.
(b) Sap. 8, 1.

marche. Retiré dans la sphère élevée de son esprit de foi, de sa longanimité, de sa conscience, il a vu quelquefois les hommes s'agiter, se remuer au-dessous de lui ; il a conservé le calme de son noble caractère, et, sans commotion, sans scandale, il n'a voulu tout obtenir que par la patience.

Il suivait aussi, comme règle inviolable, un des principes de la loi naturelle que nous retrouvons en d'autres termes gravé par la main du Sage, dans nos pages sacrées. Pour gouverner avec justice, appréciez les intérêts de votre prochain comme vous apprécierez les vôtres ; jugez de la disposition de vos subordonnés par la vôtre ; montrez-vous tel à eux que vous voudriez qu'ils fussent pour vous s'ils avaient le pouvoir ; descendez surtout jusqu'à l'opprimé ; mettez-vous à sa place, c'est pour cela que le pouvoir vous a été donné par Dieu : *Intellige quæ sunt proximi, ex teipso.* (a)

C'est encore par le même principe qu'il ne s'écarta jamais de la règle tracée par le grand S. Léon à tous ceux qui sont revêtus de l'autorité. Tenez-vous, leur dit-il, dans les bornes du pouvoir qui vous a été confié ; demeurez dans vos limites propres, ne les franchissez jamais ; et là, exercez l'autorité qui vous appartient, dans toute l'étendue, dans toute la latitude de la charité, *intrà finos proprios, in latitudine se charitatis exerceat.* De là le bonheur de ses relations avec la puissance publique, avec l'administration provinciale ; de là surtout son profond respect pour le saint Siége, et son inviolable soumission à l'autorité et aux moindres décisions du successeur de Pierre.

Avec ce fonds de caractère, quelle devait être sa parole ? un tonnerre ? un glaive ? un torrent ? Non ; mais comme la voix de celui dont la sainte Écriture nous dit qu'il fut le plus doux des hommes, comme la parole de Moïse, c'était une pluie pénétrante, une douce rosée, *fluat ut ros, quasi stillæ super gramina* (b) ; c'était l'eau d'une source pure récréant, nourrissant les plantes qui se pressent sur ses bords. Point

(a) Eccl. 31, 18.
(b) Deutéron. 32.

de ces subtilités, de ces enseignements systématiques que
S. Paul réprouve, et qui font disparaître la vérité comme sous
un nuage. Mais comme cette voix était insinuante ! comme elle
parlait au cœur ! quelle délicatesse ! quel à-propos ! quelle
consolation ne répandit-elle pas, lorsqu'à une époque où le
bras de Dieu était étendu sur notre contrée, on vit notre Pontife, autre S. Charles, nouveau Belsunce, se jeter, l'encensoir
à la main, entre son peuple et le fléau qui le dévorait ; lorsqu'après avoir visité les malades, les mourants, dans nos hos-
pices, il paraissait ensuite successivement dans toutes les
chaires de cette ville pour rassurer ceux qui avaient été épar-
gnés, et les porter à un retour sincère à Dieu, véritable et seul
moyen de forcer le Seigneur à faire rentrer son glaive dans le
fourreau ! Avec quelle âme, quelle onction, quel doux épanchement ne vous disait-il pas, dans ces tristes circonstances,
paroissiens de la Madeleine, à qui il a donné tant de marques
de l'affection qu'il avait et pour vous et pour votre pasteur :
« Non, vous n'éprouvez pas une affliction qui ne vienne tom-
» ber sur mon cœur, pas une perte que je ne partage ; vous
» ne versez pas une larme, pas une seule, que je ne voulusse
» essuyer et consoler ! »

Qui fut jamais plus modeste que notre Pontife ? Il était
arrivé à l'épiscopat sans avoir jamais désiré la chaire de
l'honneur. Depuis son élévation, toujours également à l'abri
de l'ambition et de l'intérêt, il a refusé de se séparer de l'Église de Troyes, de sa première épouse, pour prendre une église
mieux dotée, une église qui brille entre les autres métropoles
par l'unique et glorieux privilége de compter parmi ses
pasteurs une longue suite de souverains pontifes.

Qui fut jamais plus modeste ? Tout le bien qui s'est fait
sous son épiscopat, et, certes, il sera apprécié, semblait
toujours avoir été opéré par d'autres que lui. Loin de s'en
faire un mérite, il l'attribuait toujours à autrui, lors même
que ce bien était le résultat non-seulement des actes de son
autorité, mais même de ses bienfaits et de ses largesses.
Rappellerai-je ici *la construction du petit séminaire, l'entretien*

des frères des écoles chrétiennes avec le concours du conseil municipal, *les secours pour les prêtres infirmes*, la fondation régulière *des sœurs de la Providence à Troyes, la Conférence de saint Vincent-de-Paul*, le commencement de *l'œuvre des sœurs gardes-malades d'Arcis-sur-Aube*, d'autres établissements religieux *à Brienne, à Bar-sur-Aube, les Incurables, les ouvroirs des sœurs*, et combien d'autres œuvres utiles, charitables, pieuses, fondées, établies, encouragées, soutenues par son autorité et ses dons !

Et que dire de ses aumônes ? Que peut-on ajouter à ce que toutes les bouches proclament ? Ah ! c'est dans l'exercice de cette inépuisable charité que nous aimons surtout à vous considérer, ô notre vénérable Pontife ! C'est sous cette touchante image que vous vivrez dans nos immortels souvenirs ! Quel est celui d'entre nous qui n'a pas été mille et mille fois témoin de ses pieuses largesses, et souvent l'instrument dont il se servit pour les répandre dans le sein du pauvre ? Toutes les misères avaient un égal droit à l'épanchement de ses dons. Le vieillard infirme, la veuve indigente et chargée de famille, le pauvre voyageur, l'exilé privé des ressources de la patrie, et combien encore chaque jour, les uns ou les autres, et plus souvent tous ensemble, participaient à ses aumônes !

Je vois dans les premiers temps de l'Église le nom *d'aumônier* décerné à plusieurs, et dans des âges plus rapprochés, je vois le saint Siége ordonner dans la bulle de canonisation d'un saint archevêque de Valence, que ce grand homme sera représenté dans ses images entouré de pauvres, et, au lieu du bâton pastoral, une bourse à la main. — Belle idée du gouvernement des princes de l'Église, dont la houlette est la charité, et les courtisans-nés, les pauvres, les malheureux !

Et vous aussi, pieux Pontife, vous faisiez revivre ces touchants exemples ; et, si quelqu'un trouvait que cette humilité pastorale avilissait votre dignité, vous répondiez, nouveau David, comme au livre des Rois : Je m'avilirai encore plus que je ne l'ai fait : *Vilior fiam plus quàm factus sum*. (a)

(a) 2 Reg. 6.

Oui, descendez, descendez jusqu'à la dernière de vos brebis, pourriez-vous voir quelque chose de bas dans un ministère de charité qui est au-dessus de l'homme?

Quelle élévation, mes frères, dans ces abaissements apparents du premier Pasteur! quand, revêtu de ses vêtements sacrés, il quittait cette chaire pontificale après nous avoir bénis; combien il grandissait à nos yeux, entouré, pressé, accablé de cette foule de pauvres, couverts de haillons et d'infirmités! Cet humble détail de la distribution de ses aumônes n'avait-il pas, selon la pensée de Dom Barthélemy des Martyrs, quelque chose de plus grand, de plus épiscopal que la pompe même de nos plus imposantes cérémonies? *Tùm pastor mirabiliter surgit cùm ad ima charitatis se misericorditer inclinat.*

Mais où donc notre Pontife trouvait-il des fonds pour tant d'aumônes? Mes frères, l'homme charitable n'a pas besoin d'être opulent; la simplicité, la frugalité, voilà ses ressources; les privations en bien des genres, voilà ses trésors. C'est encore là, comme nous l'avons déjà dit, qu'il est tout au prochain, *Totus omnium;* tout à ses frères, car dans la religion, le pauvre est un frère; et quelque soin qu'il ait pris de dérober à sa main gauche le secret des saintes largesses de sa main droite, la reconnaissance des pauvres les publie, et leurs regrets signalent cette source où leur indigence a puisé tant de fois et si long-temps!

Mais cette âme si miséricordieuse, si patiente, est réservée à un dernier exercice de vertu, à une dernière épreuve. Une lente infirmité vient comme lui annoncer de loin le jour du Seigneur. Déjà, lorsqu'il célébrait les obsèques de son prédécesseur, son zèle était enchaîné par la faiblesse de l'âge, et plus encore par le mal qu'il recélait dans son sein, par le trait invisible dont il était atteint; il ne put même monter alors à l'autel pour y offrir le sacrifice, rafraîchissement des peines, expiation des péchés. Pourtant, plusieurs fois encore depuis, il recueille les restes de ses forces défaillantes pour répandre les dons de l'Esprit saint; trois fois encore il consacre des prêtres et des lévites, enfants spirituels de sa vieillesse et de sa douleur, et en qui, comme le patriarche des temps anciens, il aime à voir les enfants de sa droite.

Bientôt ce n'est plus une seule maladie, c'est la réunion d'une foule de maladies; c'est un état d'inaction, d'anéantissement, dans lequel il a plus besoin d'être soutenu, encouragé par nos consolations, que contre les douleurs qui en sont le triste cortége. Ses souffrances augmentent; une langueur mortelle le consume à petit feu, et lui fait exhaler chaque jour une portion de la vie, en lui montrant sans cesse l'appareil de son sacrifice prochain. Au milieu de ses plus cuisantes douleurs, son front est toujours calme, son visage toujours serein. Maîtresse du corps qu'elle anime, cette âme qui a été douce avec les événements, douce envers les hommes, ne l'est pas moins avec la maladie. Elle sera même, comme l'a dit Bossuet, *douce envers la mort.* Cependant son état s'aggrave; il demande en vain à la nuit un repos qu'il ne doit trouver qu'au tombeau. Les présages funestes se multiplient; le Pontife voit le premier son péril et réclame lui-même les secours de l'Église. Il reçoit le Viatique avec confiance, avec amour, et la sainte Onction des mourants avec un pieux empressement; et, dans la personne du digne et respectable ministre de ces sacrements, il bénit une dernière fois son clergé et son diocèse!

Pourtant on espérait encore! Les prêtres étaient montés à l'autel. La victime adorable recevait des prières publiques; on redemandait un pasteur, un père. Mais le ciel voulait mettre pour lui un terme au temps de l'épreuve et du mérite. Alarmés par des symptômes plus effrayants, nous nous réunissons à ses pieds; ses regards douloureux ne nous reconnaissent plus; nous invoquons pour lui les grâces du moment suprême, par les sublimes prières destinées à préserver le chrétien agonisant des dangers et des horreurs de la mort. Bientôt un sommeil profond s'empare de lui; enfin son dernier souffle échappe, et sa mort est calme et tranquille comme l'a été sa vie tout entière!

Ame immortelle de notre bien-aimé Pontife, de notre vénérable Père, puisqu'il est permis à notre pensée, à notre cœur de pénétrer jusqu'à vous, souffrez que je vous le dise une dernière fois aujourd'hui, au nom de tous ceux que vous avez aimés, que je vous le proteste avec S. Ambroise dans une semblable circonstance : *Nous nous oublierons nous-mêmes plutôt que de laisser jamais périr votre mémoire dans nos cœurs!* Nous pleurons sur votre dépouille mortelle ; mais notre affliction est tempérée par de divines espérances ; mais nous trouvons une consolation ineffable dans le souvenir de vos vertus.

Dieu bon, Dieu infiniment miséricordieux, permettez-moi de vous le redire : Seigneur ! souvenez-vous de notre David ! *Memento, Domine, David!* Accordez à cette âme si pacifique, la béatitude que vous avez promise à ceux qui aiment la paix, le nom éternel et l'héritage des enfants de Dieu ! *Beati pacifici! (a)*

Seigneur, souvenez-vous de David ! *Memento, Domine, David!* Accordez à cet homme si doux la béatitude que vous avez promise dans la terre des vivants à ceux qui aiment et pratiquent la douceur ! *Beati mites!*

Seigneur, souvenez-vous de David ! *Memento, Domine, David!* Accordez à celui dont les entrailles ont toujours été émues sur les misères du pauvre, la béatitude que vous avez promise aux cœurs miséricordieux ; faites-lui miséricorde ! *Beati misericordes!*

Pourriez-vous fermer votre sein à celui qui vous a tous les jours ouvert le sien, dans la personne de vos membres pauvres et souffrants ? Écoutez nos vœux, voyez nos larmes ; certes, ce ne sont pas des larmes stériles, mais par le don de votre grâce, ce sont des larmes salutaires, des larmes fécondées par la prière ; des larmes, comme dit S. Ambroise, qui rachètent les âmes ; *lacrymas redemptrices! (b)*

Et vous, digne et saint Prélat ! qui êtes venu, comme un ange consolateur, partager notre affliction, pleurer avec nous, prier avec nous, donner à nos prières l'efficacité de leur union

---

(a) Matth. 4.

(b) S. Ambr. in obit. fratr.

aux vôtres, offrir solennellement le sacrifice aux obsèques du Pontife votre ami, ah ! portez-les à l'autel, ces larmes ! que vos mains pures et vénérables les mêlent au sang divin de l'auguste victime qui a racheté le monde ! Pendant que vous épancherez le calice du salut sur le lieu des expiations, pendant que vous arroserez cette âme du sang de l'Agneau, nous solliciterons avec vous pour ce bien-aimé et si regrettable Pontife, après les longues souffrances de sa vie, le séjour du rafraîchissement, de la lumière et de la paix, le séjour du repos et du bonheur éternel.

NOTE.

Monseigneur l'Évêque de Châlons vient d'adresser à la date du 20 septembre, au clergé de son diocèse, une circulaire ayant pour objet, entr'autres choses, de donner à ses prêtres quelques détails sur la cérémonie des obsèques de son vénérable voisin, auxquelles S. G. nous a fait l'honneur de venir présider. De tous les récits plus ou moins complets que divers journaux ont donné de cette cérémonie, il n'en est point de plus vrai, de plus honorable pour l'illustre défunt, pour le clergé, pour la ville de Troyes, et pour le diocèse, que la description faite par Monseigneur DE CHALONS de cette cérémonie « si touchante, tout animée de l'esprit de foi, qui » a fait couler tant de larmes, excité une si vive sympathie, » de si tendres et de si pieux sentiments dans toute une » grande ville. »

Qu'il nous soit permis de donner ici un extrait de cette circulaire, qui est un éloge bien au-dessus de toutes nos faibles paroles :

« Je n'ai pas la prétention, continue le Prélat, de faire connaître » ici tout ce qui s'est passé sous mes yeux, et tout ce que j'ai senti. » Mais il fallait voir cette immense population accourue de tous les » pays voisins pour unir sa douleur à celle des habitants de la ville ; » et cette affluence d'hommes de tous les états, militaires, magistrats, » dignitaires de toutes les classes, même des généraux ; les simples

» citoyens, les frères, les communautés de sœurs ; il fallait voir cette
» légion de prêtres et d'ecclésiastiques venus de toutes les parties du
» diocèse, et tous pénétrés de la plus profonde douleur : on ne pou-
» vait faire un plus bel éloge du cher et vénérable défunt. Ceux qui
» étaient chargés du cercueil étaient admirables. Avec quelle piété,
» quel respect, quelle sainte ardeur ils portaient ce précieux fardeau !
» Ce spectacle parlait vivement à tous les cœurs. Les personnages
» les plus distingués dans tous les rangs s'étaient fait honneur de se
» montrer à la tête de tous les citoyens, et se pressaient autour du
» corps ; MM. les officiers de la garnison, tous les militaires, parta-
» geaint leurs regrets, et donnaient des marques bien vives de leur
» sympathie. Le cortége était magnifique. Des banderolles aux cou-
» leurs unies de blanc et de noir flottaient dans les airs autour de la
» cathédrale ; enfin, rien n'a manqué, soit au-dehors, soit au-dedans,
» à la pompe des décorations. Mais c'était la douleur du peuple qui
» en faisait le plus bel ornement.

» C'est sur les lieux qu'il faudrait recueillir les intéressants détails
» de tout ce qui a précédé et accompagné la cérémonie funèbre. Eh !
» qu'un peuple se peint bien dans ces circonstances solennelles qui
» touchent à tous les intérêts, et sont si propres à nous émouvoir !

» De jeunes diacres avaient veillé plusieurs nuits Mgr. l'Évêque,
» lui rendant en cet état tous les services que l'on pouvait attendre
» de leur piété, priant, le contemplant avec un religieux respect, se
» prosternant à ses pieds devant sa couche funéraire. Ah ! que de
» larmes ont coulé sur ce saint Prélat, en attendant que, revêtu de
» tous ses ornements pontificaux, il eût été renfermé et scellé dans
» son cercueil, et qu'il eût disparu à tous les yeux !

» C'est à la religion seule qu'il appartient de retracer ce tableau,
» d'égaler par ses expressions celle de la douleur publique qui s'est
» manifestée d'une manière si vive, si touchante, surtout pendant la
» cérémonie des obsèques de Monseigneur DES-HONS. Qu'il a été
» dignement loué !.... Mais ses œuvres le loueront à jamais devant
» Dieu et devant les hommes, bien plus magnifiquement.

» Le service divin et les obsèques, qui avaient commencé à neuf
» heures et demie du matin, ne se sont terminés qu'à 4 heures de
» l'après-midi, sans que personne témoignât même le besoin de
» prendre un peu de repos après une si longue cérémonie, que l'ex-
» trême chaleur du jour avait rendue fatiguante.

» La ville de Troyes s'y est fait grand honneur ; et, dans mon
» affliction, je me félicite et m'estime heureux d'y avoir pris part et
» d'avoir été témoin de tant d'édification. »

TROYES, ANNER-ANDRÉ, IMPRIMEUR DE L'ÉVÊCHÉ.